AF390294

DECLARATION DV ROY,

Portant décharge de dix millions de liures fur les Tailles.

Enfemble la reuocquation des taxes faites fur les Ayfez & Marchands, pour raifon de la décharge des Inuentaires pour le paye-ment du Droiĉt de Subuention & autres Ediĉts; Le tout au foulagement de fon Peuple. Du 3. Iuillet 1643.

Verifiée en Parlement le troifiefme Septembre 1643.

A PARIS;

Par IACQ. DVGAST, Imprimeur & Libraire ordinaire du Roy, au bout du pont Sainĉt Michel, à l'Oliuier.

M DC. XLIII.

Auec Priuilege de fa Majefté.

LOVIS PAR LA GRACE DE DIEV ROY DE FRANCE ET DE NA-VARRE, A tous ceux qui ces preſentes Lettres verront, Salut. Le feu Roy noſtre tres - honoré Seigneur & Pere (que Dieu abſolue) a eſté obligé à tant de deſpenſes extraordinaires, pour augmenter la gloire de cet Eſtat, ſecourir & maintenir ſes Alliez, qu'il a eſté contraint de ſe ſeruir de pluſieurs moyens extraordinaires qui luy ont eſté propoſez, pour ſouſtenir l'honneur de ſes Armes, dont Nous & nos Subjets deuons à ſa Memoire vne eternelle reconnoiſ-ſance. Mais le poids & diuerſité de

ces moyens & leuées, a tellement sur-
chargé nosdits Subjets, qu'ils, sont à
la veille de succomber, s'il ne leur
est donné quelque soulagement: C'est
pourquoy apres auoir rendu à nostre
dit Seigneur & Pere les derniers de-
uoirs, Nous & la Reyne Regente nostre tres - honorée Dame & Mere
n'auons point de soing plus pressant
que de décharger nosdits Subjets, autant que les affaires que nous auons
sur les bras le peuuent permettre, de
partie des Impositions & leuées extraordinaires qui se font, tant par les
Commissions de nos Tailles, que par
diuers autres moyens sur nos Subjets
contribuables & autres, dont ils re-
çoiuent plus de prejudice, que nous
de secours, & dont les frais de l'exa-
ction les surchargent d'auantage que
ce qui nous en reuient. Pour paruenir
à nostre dessein, Nous auons faict

voir à noſtre Conſeil les Edicts faits
par noſtredit Seigneur & Pere, qui
s'execute encore, & le Breuet des Tailles des années dernieres : & de l'aduis de la Royne Regente noſtre tres-
honorée Dame & Mere, noſtre tres-
cher Oncle le Duc d'Orleans, noſtre
tres - cher Couſin le Prince de Con-
dé, & autres Princes & Officiers de
cette Couronne, & Principaux de noſtre Conſeil ; NOVS auons dit, declaré & ordonné, diſons, declarons &
ordonnons par ces preſentes, ſignées
de noſtre main ; Voulons & nous
plaiſt, qu'en l'année prochaine mil
ſix cens quarante quatre, nos Subjets
contribuables aux Tailles, ſoient &
demeurent deſchargez, comme des à
preſent nous les deſchargeons, de la
ſomme de dix millions de liures, ſu-
le pied de ce qu'ils payent en la pre-
ſente année, & dont le Breuet des

Tailles qui fera expedié pour l'année prochaine fera diminué, & ladite moderation regallée, ainfi qu'il fera iugé & aduifé en noftre Confeil : Comme auffi nous auons du mefme aduis que deffus, defchargé nofdits Subjets de ce qui refte à payer des taxes faites fur aucuns d'eux, comme Ayfez & Principaux des Villes, Bourgs & Parroiffes de noftre Royaume, pour jouyr de fix cens mil liures de rente fur les Tailles, ordonnez eftre diftribuez aux plus Riches par Arreft du 22. Ianvier 1639. Enfemble des taxes qui ont efté fignifiées à caufe de la décharge des Inuentaires des marchendifes qui eftoient és Magazins & Boutiques lors de l'eftabliffement de la Subuention du Vingtiefme : De celles de la la confirmation de l'exemption des Francs-fiefs, Et fur les Cabarettiers de Picardie, ordonnées par les Edicts,

Declarations & Arrefts de noftre Confeil : Lefquels en ce qui refte à executer pour ce regard, Nous auons reuoqué & reuoquons par ces prefentes ; Comme auffi nous auons reuocqué, efteint & fupprimé la Chambre de Iuftice, cy-deuant eftablie à l'Arfenal, Renuoyans tous les procez qui s'y trouueront meus & pendans par-deuant les Iuges ordinaires qui en doiuent cognoiftre. Et en attendant que nous foyons pleinement informez des taxes faites pour le droict de Francs-fiefs, Confirmation de l'Heredité, & de l'engagement des Domaines, dont le recouurement fe fait en vertu des Edicts du feu Roy noftre tres-honoré Seigneur & Pere : Nous auons furcis le payement de ce qui refte à exiger defdites taxes ; Faifant defenfes aux Porteurs de Quittances d'icelles, d'vfer d'aucunes contraintes

pour raiſon de ce, juſques à ce qu'autrement en ait eſté par nous ordonné,
à peine de concuſſion. Novs ſou-
haitterions tres volontiers durant noſtre Regne & la Regence de noſtre
tres honorée Dame & Mere, pouuoir
donner à nos Peuples vn entier ſoulagement : Mais la gloire de cet Eſtat
ne le pouuant permettre, ſans voir
perir en nos mains tant d'auantages
que cette Courône a eus depuis quel-
ques années, qui ont releué ſa repu-
tation par deſſus toutes les autres de
l'Europe : A quoy tout ce Royaume
a tant d'intereſt, que nous eſperons de
nos bons Subjets, que conſiderant cet
intereſt commun, ils ſouffriront encore pour quelque temps les autres
leuées, dont nous ne pouuons les deſ-
charger : Et que nous ſommes neceſ-
ſitez par leur propre conſideration de
laiſſer, contre noſtre deſir, ne pouuant
quand

quand à preſent leur donner vn plus grand ſoulagement. Sɪ ᴅᴏɴɴᴏɴꜱ ᴇɴ ᴍᴀɴᴅᴇᴍᴇɴᴛ à nos amez & féaux Conſeillers, les Gens tenans noſtre Cour de Parlement à Paris, Que ces preſentes ils faſſent lire, publier & enregiſtrer, & le contenu en icelles, garder & obſeruer, ſelon leur forme & teneur, ſans ſouffrir qu'il y ſoit contreuenu, Nonobſtant tous Edicts, Declarations, Ordonnances, Reglemens & Arreſts quelconques à ce contraires ; auſquels & aux dérogatoires des dérogatoires y contenus, Nous auons derogé & derogeons par ces preſentes. Et d'autant que d'icelles l'on pourra auoir beſoin en diuers lieux, Voulons qu'aux coppies deuëment collationnées par l'vn de nos amez & féaux Conſeillers & Secretaires, foy ſoit adjouſtée comme à l'original : Car tel eſt noſtre plaiſir.

B

En tefmoin dequoy , Nous auons à cefdites prefentes fait mettre noftre Seel. DONNE' à Paris le 3. iour de Iuillet, l'an de grace mil fix cens quarante - trois.   Et de noftre regne le premier.   Signé , LOVIS. *Et plus bas*, Par le Roy , la Reyne Regente fa Mere prefente , DE GVENEGAVD.

Regiftrées, Ouy le Procureur General du Roy, pour eftre executées felon leur forme & teneur, & coppies collationnées d'icelles enuoyées aux Bailliages & Senefchauffées de ce Reffort, Pour y eftre leuës, publiées, regiftrées & executées à la diligence des Subftituts dudit Procureur General, Aufquels enjoint d'y tenir la main, & en certifier la Cour auoir ce fait au mois. A Paris en Parlement le 3. iour de Septembre mil fix cens quarante-trois. Signé, D V TILLET.

EXTRAICT DES REGISTRES
du Parlement.

EV PAR LA COVR les Grand' Chambre, Tournelle & de l'Edict assemblées les Lettres Patentes en forme de Declaration, données à Paris le 3. Iuillet 1643. Signées, LOVIS, Et plus bas, Par le Roy, la Reyne Regente sa mere presente, DE GVENEGAVD : Et seellées du grand seau de cire jaune : Par lesquelles ledit Seigneur auroit Declaré & Ordonné, veut & luy plaist, qu'en l'année prochaine mil six cens quarante-quatre ses Subjets contribuables aux Tailles, soient & demeurent deschargez de la somme de dix millions de liures, sur

le pied de ce qu'ils payent en la prefente année , & dont le Breuet des
Tailles qui fera expedié pour l'année
prochaine, fera diminué, & ladite moderation regalée, ainfi qu'il fera iugé
& aduifé à fon Confeil, comme auffi
auroit defchargé fefdits Subiets de ce
qui refte à payer des Taxes faites fur
aucuns d'eux, comme Ayfez & Principaux des Villes, Bourgs & Parroiffes
de fon Royaume , pour iouyr de fix
cens mil liures de rentes fur les Tailles,
ordonnés eftre diftribués aux plus
Riches par Arreft du vingt-deux Ian-
uier mil fix cens trente neuf; Enfemble des Taxes qui ont efté fignifiées
à caufe de la décharge des Inuentaires
des Marchandifes qui eftoient és Magazins & Boutiques lors de l'establif-
fement de la Subuention du Vingtié-
me, de celles de la confirmation de

l'exemption des Francs-fiefs, Et fur les
Cabaretriers de Picardie , ordonnées
par les Edicts, Declarations & Arrests
du Conseil : Lesquels en ce qui reste à
excuter pour ce regard , ledit Seigneur
auroit reuocqué par sesdites Lettres;
Comme aussi ledit Seigneur auroit reuoqué & supprimé la Chambre de Iu-
stice, cy-deuant establie à l'Arsenal ;
Et renuoyé tous les procez qui s'y
trouueroient meus & pendans parde-
uant les Iuges ordinaires qui en doiuent cognoistre, & en attendant qu'il
soit plainement informé des taxes faites pour le Droict de Francs-fiefs,con-
firmation de l'heredité & de l'engagement des Domaines , dont le recouurement se fait en vertu des Edicts du
feu Roy, son tres - honoré Seigneur
& Pere : Il auroit surcis le payement
de ce qui reste à exiger desdites taxes;

Faisant defenses aux Porteurs de quittances d'icelles, d'vser d'aucunes contraintes, pour raison de ce, iusqu'à ce
qu'autrement en ait esté par luy ordó-
né, à peine de concussion, ainsi & comme plus au long le côtiennent lesdites
Lettres & Declaration : Conclusions
du Procureur General du Roy, La
matiere mise en deliberation , LA
COVR a Ordonné & ordonne que
lesdites Lettres seront Registrées au
Greffe d'icelle, pour estre executées
selon leur forme & teneur : Et que
copies collationnées d'icelles seront
enuoyées aux Bailliages & Seneschauf-
fées de ce Ressort, pour y estre leuës,
publiées, registrées & executées à la
diligences des Substituts du Procureur General du Roy , ausquels en-
joints d'y tenir la main, & d'en certifier ladite Cour, auoir ce fait au

umois. FAIT en Parlement le troi-
siesme Septembre mil six cens quarante-trois.

Signé,   DV TILLET.

Collationné aux Originaux par moy
Conseiller, Secretaire du Roy &
de ses Finances.

www.ingramcontent.com/pod-product-compliance
Lightning Source LLC
LaVergne TN
LVHW020901200726

843508LV00003B/1292